Christof Arnold

Kopfsache

Hinderliche Denkmuster
bewusst machen und verändern

© 2018 Christof Arnold
Herstellung und Verlag: BoD – Books on Demand,
Norderstedt
Lektorat: Ina Balfanz, Andreas Grunau
Buch- und Coverlayout: Andreas Grunau
www.laudatio-verlag.de
Cover- und Buchillustrationen: Dietmar Dupree,
http://picdeer.com/dietmar_dupree
WordClouds by WordArt.com
Graphics, Tube Maps, Backgrounds by vecteezy.com
Fotos by freepik.com
ISBN 978-3-7481-4111-2
www.bod.de

Christof Arnold

Kopfsache

Hinderliche Denkmuster
bewusst machen und verändern

BoD™
BOOKS on DEMAND

Wie innere Kommentare
entstehen und was sie
bewirken

Begriffe und
Redewendungen
verraten dir noch mehr
über deine Sichtweise

Jetzt
du

Wer oder was
sind Glüblins?

K
SA

Was
denkst du?

n

Entdecke, welche
Denkmuster
es gibt und welchen
du glaubst

Dein Hand**werks-**
zeug

PF
HE

Diese Methoden
helfen dir, Festlegungen
zu akzeptieren
und zu verändern

Hinterf rag
doch mal!

Folge diesen Fragen
und bestimme selbst,
wo du stehst, und
wo du hin willst

WAS EIN MENSCH GLAUBT

bestimmt die Stärke

UND WORAN ER ZWEIFELT

seines Geistes.

Marie von Ebner-Eschenbach

Herzlich Willkommen!

Was sind denn Glüblins?

*Glüb*lins sind uns meist unbewusste *Gl*aubenssätze, *Üb*erzeugungen und Ansichten, die uns möglichst schützen sollen und uns glücklich machen wollen.
Doch leider sind dabei auch einige übernommene Vorurteile, die uns vielleicht daran hindern, noch glücklicher sein zu können.
Verändere diejenigen Glüblins, die dir nicht gefallen und die nicht hilfreich für dich sind.

Was kann dir dieses Buch bringen?

Dieses Buch kann dir eine Menge an bisher unbewussten Ansichten und Überzeugungen bewusst machen, und damit kannst du neu entscheiden, ob du an ihnen festhalten willst oder sie lieber durch eine andere Ansicht, vielleicht sogar das Gegenteil, ersetzen möchtest.

Manchmal geht dies sehr schnell und manchmal dauert es halt etwas länger, aber du wirst sehr wirksame Methoden kennen lernen, die dir helfen, ein viel glücklicheres und zufriedeneres Leben führen zu können.

Bist du bereit dafür, ein wenig mehr Energie aufzuwenden?

Unsere Sprache und die Worte, die wir regelmäßig verwenden, können uns einen Hinweis geben. Aus diesem Grund gibt es hinten im Buch eine Liste von allgemeinen Worten und eine Liste mit Worten, die uns selber und unsere Gefühle beschreiben. Diese Gefühle und die Meinung, die wir von uns, dem Partner und der Welt haben, fußen auf genau den verinnerlichten Ansichten und Überzeugungen, die uns einfach nicht bewusst sind.

Bist du eventuell unzufrieden mit einem Teilaspekt des Lebens, sei es privat, beruflich oder auch gesundheitlich, so kann es an diesen verdeckten Überzeugungen liegen. Wenn es gar sehr starke Gefühlsausbrüche sind, die du bei manchen Themen erlebst, dann kann das ein Hinweis sein auf einen tief verankerten Glaubenssatz bezüglich

darauf, wie etwas zu sein hat.
Dieses Buch kann dir helfen, ein
bewussteres, glücklicheres und
gesünderes Leben zu leben.

Dies zumindest wünsche ich dir.
Damit ich dir beim Lesen noch näher
bin, habe ich die Du-Form verwendet,
und ich hoffe, mein teilweise flapsiger
Stil hilft dir, dieses für manche schwere
Themengebiet etwas leichter zu
verdauen.

Dieses Buch ist von mir bewusst so
kurz wie möglich gehalten und zeigt
nur einen Ausschnitt möglicher
Lösungsansätze, die ich jedoch
als effektiv in der täglichen Arbeit
empfinde.

Die aus meiner Sicht für die
Eigenanwendung leichteste Methode
ist für mich das Hinterfragen bzw. In-
Frage-Stellen gewisser Aussagen. Aus
diesem Grund wirst du zum einen
viele Aussagen/Glaubenssätze finden
und zum anderen eine Menge Fragen,
die dich zur (Auf-)Lösung dieser
führen können.

Hier ein kurzes Beispiel:

*Ein Fachbuch muss dick und schwer
zu lesen sein!*

Ist das wirklich so?
Haben dir solche dicken Schwarten
schon mal in deinem praktischen
Leben geholfen?
Können nicht auch kleine, knappe
Bücher helfen?

Ja, ich weiß, hinterher bei den ganzen
Fragen hier in diesem Büchlein
könnte dir der Kopf schwirren und
du möchtest es vorzeitig weglegen.
Weglegen für eine gewisse Zeit halte
ich für eine gute Idee, denn alles
braucht Zeit und die Glüblins haben ja
einen jahrelangen Vorsprung.
Ich empfehle dir auch den Ansatz,
dich erst einmal dankbar an den
Glüblins zu erfreuen, denn wie ich
dir im nächsten Kapitel zeigen
werde hatten
sie einen
großen Anteil
daran, dass
du überhaupt
überlebt hast.

Wer oder was sind die Glüblins?

Was sind denn Glüblins?

Glüblins sind die uns meist nicht bewussten Glaubenssätze, Überzeugungen und Ansichten, die wir meist von unseren Eltern und der weiteren Umgebung übernommen haben.

In diesem Buch möchte ich hauptsächlich auf die uns nicht sofort bewussten Glüblins eingehen und dir helfen, diese dir bewusst zu machen, und sie dann, wenn sie als nicht hilfreich empfunden werden, recht einfach mit verschiedenen Methoden verändern zu können.

Mit Glaubenssätzen meine ich jedoch nicht nur den religiösen Glauben betreffend, sondern eben auch Dinge, von denen man felsenfest überzeugt ist. Denn die verteidigen wir teilweise mit so viel Vehemenz wie religiöse Eiferer ihren Standpunkt.

Dies ist z. B. ein guter Gradmesser, wenn ich stark daran interessiert bin, dass der andere es doch bitte genauso sieht wie ich, und es mich emotional stark berührt, dann bin ich auf einen Glaubenssatz von mir gestoßen. Ein Glaubenssatz in diesem Sinne ist immer limitierend und damit andere „Wahrheiten" ausschließend und macht Andersdenkende für unseren inneren Bewerter zu gefährlichen Individuen.

Auch ich bringe hier verschiedene eigene Behauptungen, Ansichten, Vorurteile und vielleicht auch mir noch unbewusste Glaubenssätze zu Papier, deshalb bitte ich dich, der du das hier liest, immer Ausschau zu halten, ob das, was du hier liest, mit deinen Überzeugungen übereinstimmt, und wenn nicht, warum nicht?

Ein drastisches Beispiel von mir:

Bis vor kurzem war ich noch der Ansicht und tiefsten Überzeugung, dass jemand, der in der heutigen Zeit keine Arbeit findet, einfach faul ist und sich nicht wirklich bemüht, denn das war mein Glaubenssatz: Wer sich nur ordentlich bemüht, wird schon eine Arbeit finden.

Vielleicht hast du mir jetzt innerlich zugestimmt oder dich aufgeregt, wie man sowas einfach behaupten könnte, oder du hast recht unbeteiligt dieses Beispiel gelesen und irgendein Kommentar ist kurz aufgeflackert.

Meine Frage an dich lautet: Ist mein Glaubenssatz für dich nützlich oder behindert er dich in irgendeiner Form, oder glaubst du, er hat keinen Einfluss auf dich und dein Verhalten? Gehen wir einfach mal weiter und lassen die Frage im Hintergrund mitschwingen.

Spannend ist auch die Argumentation, dass das Leben es doch dir so zeigt, und von daher ist es doch eine Tatsache und somit wahr. Aus meiner Sicht spiegelt uns das Leben quasi unsere innersten Überzeugungen, und somit limitieren unsere Ansichten die Wirklichkeit. Auch dies werden wir uns später genauer anschauen und überprüfen.

Hier noch ein paar Beispiele für innere Kommentare:

Das kann man doch nicht machen.

So kann man das aber auch nicht sehen.

So kann man das aber auch nicht sagen.

Das geht doch nicht.

So einfach ist das auch nicht.

Wo kämen wir denn da hin, wenn das alle so machen würden?

Wenn eine Frau sich so aufreizend rausputzt, dann braucht sie sich doch nicht zu wundern, wenn die Männer immer nur das Eine von ihr wollen.

Na, du Kleine, da guckste, das ist meiner (mein Mann).

Die wirft sich aber auch jedem an den Hals.

Klar, mit dem Schlitten (Auto) könnt ich auch jede Braut abschleppen.

Wie eine Gedankenkette sich aufschaukeln kann, hat Paul Watzlawick sehr anschaulich in seinem Buch „Anleitung zum Unglücklichsein" mit der Geschichte von dem Mann und dem Hammer dargestellt. Hier eine kurze Zusammenfassung:
Ein Mann möchte ein Bild aufhängen. Einen Nagel hat er, aber keinen Hammer. Da fällt ihm der Nachbar ein, der einen Hammer hat. „Na, dann geh ich rüber und leih mir seinen Hammer aus."

Doch halt, es kommen ihm Zweifel: „Was, wenn der Mann mir den Hammer nicht leihen will? Gestern schon grüßte er mich nur flüchtig … Vielleicht war er nur in Eile … Vielleicht war die Eile nur vorgeschützt und er hat was gegen mich? … Und was? … Ich hab ihm nichts getan … Der bildet sich da etwas ein … Wenn jemand von mir ein Werkzeug borgen wollte, ich gäbe es ihm sofort … Und warum er nicht? … Wie kann man einem Mitmenschen so etwas abschlagen? … Leute wie dieser Kerl vergiften einem das Leben. … Und dann bildet er sich auch noch ein, ich sei auf ihn angewiesen … Bloß weil er einen Hammer hat! … Jetzt reicht es mir wirklich …"

Und so stürmt er hinüber und läutet und der Nachbar macht auf … doch bevor dieser Guten Tag sagen kann, schreit ihn unser Mann an: „Behalten Sie Ihren Hammer, Sie Rüpel!"

Warum unterscheide ich zwischen bewussten und unbewussten Glüblins?

Die uns bewussten Glüblins können wir direkt mit den im übernächsten Kapitel beschriebenen Methoden bearbeiten. Aber die uns unbewussten müssen wir uns erst einmal bewusst machen, damit wir sie dann verändern können.

Wie bilden sich überhaupt Glüblins?

Der Mensch hat neben anderen Trieben auch den Überlebenstrieb in der menschlichen Natur, der im Reptiliengehirn sitzt. Dieser Überlebenstrieb hat die Amygdala als Bewerterin jeder Information, die der Körper durch alle Sinnesorgane aufnimmt, in „gut zum Überleben" und in „schlecht zum Überleben" mit Hilfe seiner kleinen Helferlein, den Glüblins, einsortiert.

Unsere Sinnesorgane geben uns durch ihren eingeschränkten Frequenzbereich, in dem sie aktiv sind, ja schon eine automatische Vorauswahl/Einengung der gesamten Wirklichkeit: Wir sehen, hören und fühlen nur einen Teil dessen, was wirklich existiert!

Diese Bewertung arbeitet mit Hilfe der Glüblins unablässig und vergleicht Informationen, die hereinkommen mit bisherigen schon gesammelten und bewerteten Informationen.

Wenn jetzt eine neue Information hereinkommt, die im Vergleich zu einer ähnlichen Information steht, dann wird die neue Information ähnlich wie die schon vorhandene bewertet.

Kommt eine vollkommen neue Information herein, wo keine Bewertung anhand vorhandener Informationen vorgenommen werden kann, greift der Schutzmechanismus der Glüblins und ordnet die neue Information erst einmal als schlecht ein, da eben die Gefahr dadurch noch nicht einzuschätzen ist.

Beispiel aus meiner Praxis:

Du kommst zum ersten Mal zu einer Lachyogastunde, in der du die Methode kennen lernst, ohne Witze zu lachen. Da dies komplett neu für dich ist, wirst du vielleicht gar nicht richtig lachen können, denn dies ist eben zu ungewohnt. Irgendwie musst du vielleicht aber doch über die eine oder andere komische Übung lachen. Du bist wieder zuhause und lässt die Erinnerung nochmals Revue passieren, und in der Erinnerung war das ja doch sehr komisch im Sinne von vielleicht doch irgendwie gefährlich, was eben eine automatische Bewertung mit einschließt.

Anfangs übernehmen wir die Überzeugungen (über Zeugen) von unserer Umwelt, und hier speziell von unseren Eltern, denn von diesen sind wir ja abhängig, und solange uns diese helfen zu überleben,

wird alles aus dieser Quelle als gut und richtig für uns bewertet und abgespeichert. Einfach auch, weil wir noch nicht hinterfragen können, landen die Überzeugungen ungefiltert als Beweise für die Richtigkeit bestimmter Ansichten in unserem unbewussten Wissensspeicher, mit der entsprechenden Bewertung versehen.

Wie kommst du deinen unbewussten Glüblins auf die Schliche?

Im letzten Beispiel mit dem Lachyoga wäre dir vielleicht gar nicht aufgefallen, dass du eine automatische negative Bewertung an etwas drangehängt hast, was du zunächst doch ganz nett empfunden hast. Teilweise reicht ja schon ein Wort, was eher negativ bei uns abgespeichert ist, um vielleicht einer an sich guten Idee den Rücken zu kehren und diese nicht weiter zu betrachten.

Hier ein Beispiel:

Krebs

Welche Bedeutung kam dir als Erstes in den Sinn? Die Krankheit, das Tier oder das Sternzeichen?

Nehmen wir mal an, es war der Krebs als Sternzeichen. Vielleicht bist du selbst in diesem Zeitraum geboren oder jemand, der dir sehr nahesteht. Wenn dir das Sternzeichen als Erstes in den Sinn gekommen ist, dann ist damit eine starke Bewertung verknüpft. Wenn diese positiv ist, dann wird das Wort ein gutes Gefühl auslösen und du wirst damit auch z. B. die neue Person, die dir gerade gesagt hat, dass sie im Sternzeichen Krebs geboren ist, positiver abspeichern und in Erinnerung behalten. Bei negativer Besetzung wird es die neue Person schwer haben, aus der negativen Ecke, in die du sie automatisch einsortiert hast, herauszukommen.

Du merkst vielleicht jetzt schon, welchen Sinn es machen kann, sich bestimmte Bewertungen wieder bewusst zu machen.
Hierfür folgen gleich ganz viele Aussagen zu verschiedenen Lebensbereichen. Nimm dir nicht zu viele auf einmal vor,

oder geh die Listen ruhig mal an verschiedenen Tagen in verschiedenen Grundstimmungen durch.

Wenn du innerlich eine Zustimmung merkst, dann mach dein Kreuz bei dem Pluszeichen, wenn du merkst, dass du dem nicht zustimmen willst, dann ein Kreuz beim Minuszeichen, und nur wenn innerlich gar keine Reaktion kommt, dann ein Kreuz bei der Null.

Nochmal, nimm dir Zeit, geh mit einem Glaubenssatz eine Woche schwanger, kau ihn so richtig durch, denn gerade die „Nuller" können sehr tief liegende Glüblins sein.

Außerdem kann dich eine einzelne Aussage zu einer Gedankenassoziation führen, die dir weitere damit zusammenhängende Glüblins bewusst macht.

Schreib diese so schnell wie möglich nieder, denn diese sind meist sehr flüchtig und kurz darauf wieder aus deinem Bewusstsein verschwunden. Das kennst du sicherlich selbst, du hast eine tolle Idee zu irgendetwas und wenn du dann Zeit hättest, sie aufzuschreiben, ist sie meistens schon weg. Zum Glück haben wir heute fast alle ein Smartphone, mit dem man schnell diese Idee aufzeichnen kann.

Achte gut
auf Deine Gedanken,

DENN SIE WERDEN

ZU WORTEN.

Achte gut
auf Deine Worte,

DENN SIE WERDEN
ZU HANDLUNGEN.

Aus dem Talmud

Jetzt bist du dran!

Um deinen eigenen Glüblins auf die Schliche zu kommen, habe ich hier einmal eine Auswahl typischer Glaubenssätze zu unterschiedlichen Lebensbereichen aufgelistet. Setze dein Kreuz oder Häkchen hinter der Ansicht, je nachdem ob diese für dich zutrifft (+), du ihr neutral gegenüber stehst (0), oder die Meinung für unzutreffend hälst (-).

Glüblins zum Thema Leben und der Welt allgemein

	+	O	-
Das Leben ist eine Qual.			
Das Leben ist ein Kampf.			
Das Leben ist hart und ungerecht.			
Das Leben ist ein Jammertal.			
Man soll den Tag nicht vor dem Abend loben.			
Einer allein kann sowieso nichts ausrichten.			
Glück ist vergänglich.			
Schuster, bleib bei deinen Leisten.			
Der Apfel fällt nicht weit vom Stamm.			
Die Ressourcen sind begrenzt.			
Träume sind Schäume.			
Das Leben ist ein Spiel.			
Irgendwo gibt es immer einen Haken.			

	+	o	-
Es ist genug für alle da.			
Man kann es nicht jedem recht machen.			
Wer zuletzt lacht, lacht am besten.			
Das Leben ist ein Geschenk.			
Das Leben ist nicht als Kampf gedacht.			
Die Welt besteht aus fressen und gefressen werden.			
Die Welt ist ein wunderschöner Ort.			
Die Welt ist gefährlich.			
Die Oberen bestimmen über unser Leben.			
Es gibt einen großen Plan, uns mittels Falschmeldungen zu manipulieren.			
Es gibt den Plan, die Überbevölkerung durch Kriege, Seuchen u. a. stark zu dezimieren.			
Es gibt kein Richtig oder Falsch.			
Ich bin abhängig von dieser Welt.			
Ich habe keinen Einfluss auf mein Leben.			
Ich mach mir die Welt, wie sie mir gefällt.			
Ich glaube nicht, dass wir diese Welt noch retten können.			
Gegen den Lauf der Zeit kann ich (allein) nichts ausrichten.			
Ich nehme mein Leben selbst in die Hand.			
Ich lache und die Welt lacht zurück.			

Was sind deine Glüblins zu dem Thema?

Glüblins zum Thema Beruf/Erfolg

	+	O	-
Erfolg hat nur der, der dafür hart arbeitet.			
Erst die Arbeit, dann das Vergnügen.			
Wenn du das tust, was du liebst, brauchst du nicht zu arbeiten.			
Solange du nicht deiner Berufung folgst, hast du keinen Erfolg.			
Sei doch froh, dass du eine Arbeit hast.			
Wer arbeiten will, der findet auch was.			
Beim Staat hast du einen sicheren Job.			

	+	o	-
Die Alten werden doch alle abgeschoben/gekündigt.			
Durch ehrliche Arbeit ist noch keiner reich geworden.			
Wenn mich der Chef so machen ließe, wie ich wollte, dann ...			
Ora et labora (Arbeite und bete).			
Warum soll ich arbeiten, die anderen arbeiten doch auch nicht.			
Ich muss in die Fußstapfen meines Vaters treten.			
Ich bin doch hier der/die Einzige, der/die hier wirklich arbeitet.			
Ich bin zu alt/jung, um ...			
Ich kann das doch viel besser als ..., aber ich werd ja nicht gefragt.			
Ich kann mit dem neuartigen Computergedöns nix mehr anfangen.			
Ich werd doch hier von allen gemobbt.			
So gut wie mein Vater/meine Mutter werde ich nie sein.			
Ich hab nicht genügend Ausbildung.			
Dicke sind nicht so leistungsfähig.			
Jeder ist seines Glückes Schmied.			
Schuster, bleib bei deinen Leisten.			
Nur wer was Anständiges gelernt hat, hat Erfolg.			
Erfolg ist reine Glückssache.			

Glüblins zum Thema Finanzen/Geld

	+	o	-
Lieber den Spatz in der Hand als die Taube auf dem Dach.			
Was du da machst, ist doch brotlose Kunst.			
Als Künstler/Musiker/... kann man kein Geld verdienen.			
An schnell verdientem Geld ist irgendetwas faul.			
Reich wird man nicht auf ehrliche Art.			
Um erfolgreich zu sein, muss man hart arbeiten.			
Wer viel Geld hat, hat es auf Kosten anderer.			
Geld allein macht auch nicht glücklich.			
Geld macht zwar nicht glücklich, aber es beruhigt ungemein.			
Geld regiert die Welt.			
Wer Geld hat, kann alles tun, was er will.			
Geld verdirbt den Charakter.			
Geld macht glücklich.			
Geld macht unabhängig.			
Geld ist nun mal notwendig.			
Über Geld spricht man nicht.			
Wer zu viel Geld hat, ist einfach nur gierig.			
Geld macht geizig.			
Ich weiß nicht, wie ich meine Rechnungen bezahlen soll.			

	+	o	-
Alle wollen nur mein Geld.			
Wenn ich reich bin, dann liebt man mich nur wegen meines Geldes.			
Geld erfüllt mir meine Wünsche.			
Wenn ich reich bin, kann ich alles kaufen.			
Geld und Spiritualität schließen sich aus.			
Wer sein Geld schnell verdient, der verliert es auch wieder schnell.			
Es gibt Wichtigeres als Geld.			
Ich will mehr Geld haben als ...			
Ich brauche ... Euro/Dollar/..., dann bin ich wirklich reich.			
Das Geld rinnt mir so durch die Hände.			
Bei Geld hört die Freundschaft auf.			
Ich kann gut mit Geld umgehen.			
Was ich anpacke, wird zu Gold.			

- -

- -

- -

- -

- -

Glüblins zum Thema Religion und Glauben

	+	o	-
Du sollst keine Götter neben mir haben.			
Du sollst nicht lügen.			
Du sollst nicht ...			
Es gibt nur den einen wahren Glauben.			
Esoterik ist was für Spinner.			
Der Islam ist ...			
Der Buddhismus ist ...			
Der christliche Glaube ist ...			
Es gibt keinen Gott.			
Gott/Jesus lebt.			
Wenn Gott existieren würde, würde er uns nicht so leiden lassen.			
Wir sind schuldig durch die Ursünde.			
Jesus ist Gottes Sohn.			
Wer sündigt, wird büßen müssen.			
Die, die nicht an Gott glauben, werden im ewigen Fegefeuer sein.			
Hilf dir selbst, dann hilft dir Gott.			
Wirklich spirituelle Menschen brauchen kein Geld.			
Gott hat uns die Engel zu unserer Hilfe gesandt.			
Alltag und Spiritualität schließen sich aus.			
Es ist noch nie jemand wiederauferstanden.			

	+	o	-
Glauben heißt ja nicht wissen.			
Gott ist allmächtig, allwissend und allsehend.			
Gott ist in allem, was ist.			
Gott ist eine Göttin.			
Sex ist nur zur Fortpflanzung da.			
Wir Menschen sind eine Schöpfung von Außerirdischen.			
Die Außerirdischen sind schon hier auf der Erde.			
Gott hat sich von den Menschen abgewendet.			
Gott will nichts von uns.			
Die Sterne bestimmen unser Leben.			
Ich glaube nur, was ich sehen kann.			
Ich glaube an ein Weiterleben nach dem Tod.			
Mit dem Tod ist alles aus.			

- -

- -

- -

- -

- -

Glüblins zum Thema Partnerschaft, Geschlechter, Sex

	+	o	-
Mann und Frau passen einfach nicht zusammen.			
Es gibt den Seelenpartner.			
Kein Mensch ist gern allein.			
Die Frau ist die Stärkere.			
Der Mann ist der Stärkere.			
Jeder stirbt für sich allein.			
Zu viel Nähe ist gefährlich.			
Männer sind Schweine.			
Männer wollen eh nur das Eine.			
Frauen wollen nur versorgt sein.			
Männer sind schwanzgesteuert.			
Frauen sind zu blöd für Technik.			
Frauen sind alles Muttertiere.			
Nur Freundschaft zwischen Mann und Frau geht nicht.			
Sobald Kinder da sind, ist der Mann abgemeldet.			
Ehe ist was für Konservative.			
Nur ohne Gummi kann ich den anderen spüren.			
Männer/Frauen sind eben so.			
Selbstbefriedigung ist eine Sünde.			
Wenn ich in einer Partnerschaft mich selbst befriedige, betrüge ich den Partner/die Partnerin.			

	+	O	-
Dumm fickt gut.			
Ich bin nicht beziehungsfähig.			
Ich gerate immer an den Falschen/die Falsche.			
Ich darf keinen Sex vor der Ehe haben.			
Ich kann nicht treu sein.			
Ich mache alles, nur um geliebt zu werden.			
Ich kann keinen anderen/keine andere mehr lieben.			
Ich kann mich beim Sex nicht fallen lassen.			
Ich kann keinen Orgasmus bekommen.			
Ich bin zu eng/weit gebaut.			
Ich habe einen zu kleinen Penis.			
Ich bin es nicht wert, geliebt zu werden.			
Ich darf mich nicht selbst befriedigen.			
Solange ich so dick bin, wird mich keiner lieben.			
Die besten Männer sind eh schon vergeben.			

- -

- -

- -

- -

Glüblins zum Thema Kinder

	+	o	-
Kinder sind das Schönste im Leben.			
Kinder sind Nervensägen.			
Wer keine Kinder haben will, ist egoistisch.			
Kinder sichern unseren Fortbestand.			
Ohne Kinder bist du im Alter allein.			
Von Kindern können wir viel lernen.			
Kindern muss man zeigen, wer das Sagen hat.			
Kinder tanzen einem doch nur auf der Nase herum.			
In diese Welt setze ich keine Kinder.			
Ich kann keine Kinder erziehen.			
Wenn ich Kinder habe/hätte, habe/hätte ich keine Zeit mehr für mich.			
Wenn mein Kind glücklich ist, dann bin ich es auch.			
Meine Kinder sollen es später mal besser haben als ich.			
Ich hoffe, meine Kinder werden nie so wie ich.			

- -

- -

- -

- -

Glüblins zum Thema Gesundheit

	+	o	-
Gesundheit ist das höchste Gut.			
Gesundheit hängt doch vornehmlich von den Genen ab.			
Gesundheit hängt von meiner Ernährung ab.			
Gesundheit hängt von meiner generellen Lebensweise ab.			
Süßigkeiten/Brot/... machen dick.			
Die Ärzte wissen heute auch nicht weiter.			
Gesundheit ist ein Geschenk Gottes.			
Die Umwelt macht uns krank.			
Krankheit ist eine Strafe Gottes.			
Die Gesundheit nimmt im Alter halt ab.			
Gesund heißt nur, dass du noch nicht genügend untersucht wurdest.			
Dicke Menschen werden schneller krank.			
Die Pharmaindustrie hat doch kein Interesse daran, dass wir gesund werden.			
Homöopathie ist doch alles Hirngespinst.			
Diäten haben einen eingebauten Jojo-Effekt.			

	+	O	-
Der Mensch braucht Fleisch.			
Ich bin nun mal dick geboren.			
Mein Opa hat auch geraucht wie ein Schlot und ist 95 geworden.			
Ich brauch den Kuchen nur anzugucken, dann hab ich ihn auf meinen Hüften.			
Ich war schon immer kränklich.			
Ich muss schlank sein, sonst ...			
Ich kann ... nicht essen.			
Das liegt bei uns in der Familie.			
Ich habe Angst, an ... zu erkranken, genau wie ...			
Ich vertrau nur auf Naturmedizin.			
Krankheit will mir etwas sagen.			
Ich mach doch schon alles und trotzdem werde ich nicht dünner.			
Ich habe Angst vor dem Älterwerden.			
Ich vertrage kein ...			
Ich war schon immer kränkelnd.			
Ich schwör auf Kräutermedizin.			
Ich habe schon jede Diät ausprobiert, nichts hilft.			
Ich merke jetzt, wo ich älter werde, die ganzen Wehwehchen.			

Welche sind deine Glüblins? Sind dir noch andere eingefallen?

Glüblins zum Thema Selbstbild

	+	o	-
Ich bin es nicht wert ...			
Ich hab das nicht verdient.			
Ich kann nicht ...			
Ich muss ... tun, um ...			
Ich bin nicht gut genug.			
Ich bin ein totaler Versager.			
Ich krieg aber auch gar nichts gebacken.			
Wenn ich so und so wäre, ja dann ...			
Ich bin zu blöd.			
Ich kann nicht nein sagen.			
Ich muss perfekt sein.			
Ich kann mich nur auf mich verlassen.			
Ich kann mir selbst nicht trauen.			
Ich muss ... sein, damit andere mich mögen.			
Ich sollte ein Junge/Mädchen werden.			
Ich muss alles kontrollieren.			
Ich kann keinem anderen vertrauen.			
Ich will immer das Sagen haben.			
Ich werde es allen beweisen.			
Ich darf nicht erfolgreicher sein als ...			
Ich kann nicht mit Geld umgehen.			
Ich kann keine Familie ernähren.			

	+	O	-
Ich bin unfähig für eine Partnerschaft.			
Meine Gefühle überwältigen mich ständig.			
Ich brauche keine Gefühle.			
Nähe lass ich nicht wirklich zu.			
Wenn ich allein bin, bin ich am glücklichsten.			
Ich brauche lange, bis ich mich jemandem öffne.			
Ich muss die Kontrolle behalten.			

DER ZIELLOSE
erleidet
SEIN SCHICKSAL

DER ZIELBEWUSSTE **GESTALTET** ES.

Immanuel Kant

Dein Handwerkszeug

Bewusstmachung und Akzeptanz

Die Bewusstmachung hast du, wenn du im vorigen Kapitel durchgearbeitet hast, schon zu einem Großteil erledigt. Vielleicht sagst du aber auch: „Na, die Sätze waren mir doch schon alle bekannt", und weißt nicht, welche wirklich auf dich Einfluss haben, weil du eventuell doch zu schnell vorangegangen bist und dir nicht genügend Zeit genommen hast, um wirklich zwischen positiv, negativ und neutral für dich zu unterscheiden.

Normalerweise sollten bei einigen Sätzen/Aussagen heftige Reaktionen der Zustimmung oder Ablehnung gekommen sein. Solltest du überall neutral reagiert haben, bist du entweder mit allem im Reinen oder aber es sind Blockaden in deinem Körper, die eine Bewusstmachung verhindern.

Wie auch immer, in den folgenden Abschnitten können dir noch weitere Erkenntnisse kommen. Schreib diese bitte immer sofort auf, denn diese sind meist sehr flüchtig und wenn man dann einfach weiterliest, sind sie anschließend wieder verschlossen. Wenn du jedoch auf einige gravierende Überzeugungen bei dir gestoßen bist, dann herzlichen Glückwunsch, denn dann folgt als Nächstes der Schritt des Akzeptierens.

Es ist vollkommen in Ordnung, jedweden Glaubenssatz zu haben. Danke jedem einzelnen, denn er hat dir entweder geholfen zu überleben oder gewisse Erfahrungen gemacht zu haben.

Wenn du jetzt den einen oder anderen dieser Glaubenssätze verändern willst, gibt es verschiedenste Möglichkeiten, wovon ich nur eine Auswahl hier in diesem Büchlein präsentieren möchte. Einige kannst du gut für dich alleine verwenden, bei anderen wiederum benötigst du die Hilfe von anderen.

Fragen, Selbstkommentare, Assoziationen und Wunderfrage

Eine exzellente Möglichkeit, Glüblins zu erkennen und zu verändern, ist der Einsatz von Fragen oder genauer etwas zu hinterfragen bzw. seine internen Kommentare einmal zu beobachten.

Deine Glüblins?:

Wie kann man nur so leben?

Ne, sowas könnte ich nicht.

Wie kann man denn nur sowas denken?

Wie schafft der/die das?

Der/die hat doch irgendwas gemacht, denn sowas ist doch nicht normal.

Ja, wenn ich genügend Geld hätte, dann ...

Wie kann man nur sich so verhalten?

Sowas kann man doch nicht einfach so sagen!

Ich hätte da schon längst einen Schlussstrich gezogen.

Immer mache ich alles falsch!

Ich kann aber auch gar nichts! / Du kannst aber auch gar nichts!

Jaja, Lügen haben kurze Beine.

Warum grinst der so blöd?

Dem steht die Geilheit doch schon ins Gesicht geschrieben.

Die schmeißt sich aber auch an jeden ran.

Immer muss ich alles alleine machen!

Der/die lebt doch von Papas Geld!

So wie der/die möchte ich auf keinen Fall werden!

Ja, bei dem Elternhaus, da hätte ich das auch gekonnt.

Der ist doch ein Mamasöhnchen.

Von Beruf Sohn/Tochter.

Fragen, die dir bei der Veränderung helfen können:

Kann ich sicher sein, dass das wirklich immer/alles/überall so ist?

Woher weiß ich das denn?

Kann ich ein Gegenbeispiel finden?

Kenne ich Menschen, die genau das Gegenteil glauben?

Was würde passieren, wenn ich mich genau gegenteilig verhalten würde?

Was passiert, wenn ich weiterhin das glaube, was ich glaube?

Was muss dafür wahr sein?

Was unterstelle ich damit indirekt?

Gibt es Lebensbereiche, wo ich selber merke, dass ich komplett anderer Meinung bin als die Mehrheit?

Finde ich für meine Ansichten/Überzeugungen leicht Zustimmung bei den anderen Menschen?

Wieweit spüre ich, dass die entsprechende Überzeugung mich lähmt?

Wohin führt mich letztlich so eine Überzeugung?

Wie viel Energie stecke ich in den Erhalt meiner Ansicht?

Womit bin ich eigentlich genau unzufrieden?

Was müsste passieren, damit ich meine Meinung zu einem Thema ändern könnte?

Hast du es schon mal gehabt, dass du deine grundlegende Meinung/ Überzeugung von etwas geändert hast?

Woher weißt du, dass deine Meinung die richtige ist?

Könnte das, was du als Wirklichkeit empfindest, nicht einfach ein Hinweis auf deine limitierenden Glaubenssätze sein?

Die Wunderfrage nach Steve de Shazer:

Wenn du morgen früh aufwachst und über Nacht wäre ein Wunder geschehen und dein Glaubenssatz/deine Überzeugung wäre nicht mehr da, woran würdest du das merken? Woran würden es enge Vertraute/Partner/Familie merken, dass du diesen Glaubenssatz/diese Überzeugung nicht mehr hättest?

Fragen nach Byron Katies „The Work":

1. *Ist es wahr?*

2. *Kann ich wirklich zu 100 % wissen, dass das wahr ist?*

3. *Wie reagiere ich, wenn ich diesen Gedanken/diese Überzeugung habe?*

4. *Wer wäre ich/wie ginge es mir ohne diese Überzeugung?*

5. *Was wäre die Umkehrung meiner Aussage?*

Diese Fragen eignen sich aus meiner Sicht besonders für die Aufdeckung falscher Annahmen.

Hier ein Beispiel:

„Mein Partner würdigt überhaupt nicht die Dinge, die ich für ihn tue!"

Ist das wahr?
„Na klar ist das wahr!"

Kann ich wirklich zu 100 % wissen, dass das wahr ist?
„Na, ich erleb es doch tagtäglich!"

Wie reagierst du auf diesen Gedanken?

„Es regt mich auf und macht mich traurig."

Wie ginge es dir ohne diesen Gedanken?
„Na, ich glaube, irgendwie besser."

Was wäre die Umkehrung deiner Aussage?
„Hmm, weiß nicht, meinst du etwa, mein Partner würdigt die Dinge, die ich für ihn tue, oder ich würdige nicht die Dinge, die mein Partner für mich tut?"

Wie du an dem Beispiel erkennen kannst, ist dies eine Methode, die man vielleicht besser gemeinsam mit einem anderen macht.

Refraiming, Bedeutung, Betonung und Magic Words

Refraiming heißt hier in diesem Zusammenhang Umdeutung bzw. etwas, was vorher negativ für mich besetzt war, eine andere, bessere Bedeutung zu geben.

Beispiel:

Egal, welchen Weg ich gehe, es ist immer der falsche.

Refraiming: Ich habe jetzt schon einige Wege ausgeschlossen, wie es nicht geht, und bin deshalb kurz davor, den richtigen Weg zu finden. Jedes einzelne Wort ist von uns mit einer Bedeutung, sprich Bewertung, versehen, die uns aber nicht immer bewusst ist. Wie schon bei dem Beispiel Krebs durchgesprochen. So kann es den Einen motivieren, wenn wir sagen, dass wir das jetzt anpacken und schaffen, und der Nächste hat mit anpacken negative Bewertungen, ja vielleicht auch Erfahrungen verknüpft und wird gar nicht begeistert sein, jetzt etwas anzupacken.

Aber auch die Betonung kann viel ausmachen:

Die Ausländer wollen sich nicht **integrieren.**

Die Ausländer **wollen** *sich nicht integrieren.*

Beim ersten Satz liegt die Betonung auf dem, was die Ausländer nicht wollen. Beim Zweiten darauf, dass die Ausländer es überhaupt nicht wollen. Stopp! Welche Bewertung hast du mit dem Wort Ausländer verknüpft? Was fällt dir spontan ein, wenn du das Wort Ausländer hörst?
Mit der Betonung ist meist auch eine gewisse Intensität verknüpft, die anzeigt, wie viel mir an dieser Aussage liegt.
Wie häufig erlebe ich Menschen, die sofort laut werden und erbost ihre Meinung wiederholen, die ich scheinbar mit einer Frage von mir angezweifelt habe. Also ist auch dies ein guter Gradmesser zum Auffinden stark verwurzelter Überzeugungen: Bei welchem Thema geh ich sofort durch die Decke?

Was spürst du dabei?

Einen etwas anderen Ansatz bringt uns Cora Besser-Siegmund in ihrem Buch „Magic Words" näher:
Welche Wörter bereiten dir ein hohes Stresslevel?

Beispiele:

PRÜFUNG

REDE HALTEN

CHEF

SCHOKOLADE

DIÄT

Als Nächstes stellst du dir die folgenden Fragen:

Wenn du die Augen schließt und dein Wort, was dir Stress bereitet, vor dir sehen könntest, wie sähe es aus?

Hätte es ähnlich wie oben alles Großbuchstaben?

In welcher Schriftart ist es geschrieben?

Welche Farbe hätte das Wort?

Ist das Wort sehr nah oder weiter weg?

Bleiben die Buchstaben/das Wort still stehen oder bewegt sich da was?

Und wenn ja, wie schnell und in welche Richtung?

Wenn du das Wort für dich liest, wie klingt es dann in deinem inneren Ohr? Ist es laut oder leise?

Kannst du der Stimme eine Person zuordnen?

Kommt die Stimme von vorne/hinten/ seitlich?

Gut, jetzt hast du eine ziemlich genaue Beschreibung über die Art, wie dir das Wort Stress macht.

Als Nächstes veränderst du einzelne Parameter (im NLP heißen diese Submodalitäten), wie z. B. anstatt Blockschrift verwendest du Schreibschrift, du veränderst die Farbe der Buchstaben, lässt sie kleiner werden, schiebst das ganze Wort weiter weg, gibst der Stimme den Klang von Micky Maus usw., und spürst bei jeder Veränderung in dich hinein, ob dir das irgendwie hilft, den Stresspegel zu senken. Wenn ja, ist dein Problem damit schon gelöst.

41

Hypnose, Regression und Rückführung

Das Wort Hypnose könnte ich bei vielen Menschen auch als Beispiel für ein „Magic Word" verwenden, denn ich erlebe es immer wieder in meiner Praxis, wenn ich sage: „Bei dem, weswegen Sie zu mir kommen, kann Ihnen Hypnose wunderbar helfen", und derjenige, der vor mir sitzt, erstarrt entweder oder fängt sofort an, dagegen zu argumentieren.
Eine klassische Vorprägung durch Showhypnose und Filme, in denen immer wieder gezeigt wird, wie ein Mensch in Hypnose völlig willenlos ist und sich hinterher an nichts mehr erinnern kann.

Die Wahrheit ist, wir laufen die ganze Zeit hypnotisiert herum!
Durch unsere Sinnesorgane nehmen wir nur einen Bruchteil der Wirklichkeit wahr, und durch unsere Überzeugungen und Ansichten filtern wir zusätzlich Informationen heraus.

Wer von uns kann sich schon im normalen Bewusstseinszustand an seine Geburt erinnern, geschweige die Zeit davor? Und doch ist dies manchen Menschen möglich, und auch wir können mit Hilfe der Hypnose Erinnerungen bewusst machen, die uns komplett entfallen sind.

Dies kann man gut zur Veränderung seiner Glaubenssätze einsetzen, denn wenn ich z. B. in der Hypnose erinnere, dass meine Überzeugung „Aus mir wird doch sowieso nix" von meinem Vater kommt, der immer wieder zu mir sagte: „Aus dir wird doch sowieso nix", dann brauche ich diesen Satz nicht länger für wahr anzunehmen, sondern kann ihn an den Vater zurückgeben.

Das, was die meisten Menschen unter Hypnose verstehen, ist die sogenannte klassische Hypnose oder auch direktive Hypnose, bei der ich dem anderen meine Sicht der Dinge suggeriere. Auf lange Sicht funktioniert diese Art der Hypnose nur bei 20 % der Menschen, der Rest kehrt einfach irgendwann wieder zu seinen alten Ansichten zurück. Dies ist also nicht unbedingt erfolgversprechend.

Anders die moderne Form der Hypnose (Begründer ist hier der Psychiater Milton Erickson), die mehr indirekt arbeitet, indem sie nämlich das interne Verarbeitungssystem des anderen herausfindet und damit viel tiefer und dauerhafter Veränderungen bewirken kann, die dann auch noch einfacher für den anderen sind. Wer sich selber in die Grundlagen einarbeiten will, dem empfehle ich, sich ein Buch zum

Thema NLP (Neuro-Linguistisches Programmieren) zu kaufen und durchzuarbeiten.

Wie die Hypnose dann zu einer Rückführungstherapie wird, ist hier nicht so wichtig, jedoch das Wissen, dass es sein kann, dass einige Ansichten und Überzeugungen nicht erst in diesem Leben, sondern schon in einem/mehreren früheren Leben uns beeinflusst haben.

„Ja, aber ich glaube nicht an frühere Leben", hör ich jetzt manche denken. „Wie soll das denn dann bei mir funktionieren?" Die gute Nachricht: Du musst nicht an frühere Leben glauben, um ein früheres Leben in der Rückführung zu erleben!

PEP nach Dr. Bohne und andere „Energieklopftechniken"

Du kennst sicherlich Akupunktur, eine Heiltechnik aus China, die davon ausgeht, dass durch unseren Körper ein großes Energienetz geht, welches an verschiedensten Punkten der äußeren Haut sehr nahe ist. Wenn man diese Punkte mit einer Nadel bearbeitet, kann man dieses Energienetz beeinflussen. Auch hier muss man nicht daran glauben, um trotzdem von dieser Methode zu profitieren.

PEP und andere Energieklopf-techniken bearbeiten diese Punkte nicht mit Nadeln, sondern mit einem Tippen von ein/zwei Fingern auf diese Punkte. Gleichzeitig wird der Umstand benannt und laut ausgesprochen, welcher einen stört.

Beispiel:

„Ich fühle mich unwohl, weil ich zu dick bin."

Jetzt kommt aber noch eine paradoxe Aussage zum Einsatz, die meine bisherige Aussage ad absurdum führt.

„Auch wenn ich mich unwohl fühle, weil ich zu dick bin, liebe und akzeptiere ich mich so, wie ich bin."

„Wie bitte?", wirst du jetzt sagen, „das stimmt doch überhaupt nicht", und du hast recht. Es stimmt nicht, und trotzdem bewirkt es eine Auflösung deines Glaubenssatzes. Dr. Bohne nennt das Logik 2. Ordnung. (Mehr dazu auch in meinem Buch „Danke! – Ein Übungsbuch" oder in den Büchern von Dr. Bohne.)

Was nützt die
FREIHEIT DES DENKENS,
wenn sie nicht zur
FREIHEIT DES HANDELNS
führt.

Jonathan Swift

Hinterfrag doch mal!

Ein guter Tipp

In diesem Kapitel des Buches arbeite ich einfach nur mit Fragen, die ich an dich stelle und die bei dir Denkprozesse und Gefühle auslösen können. Die vorher erwähnten anderen Methoden eignen sich besser für ein direktes Coaching.

Auch hier empfehle ich dir, um das Maximum für dich schon beim Lesen zu erhalten, dir einen Block und Schreibstift parat zu legen oder einfach ins Buch zu kritzeln, denn dafür ist so viel Platz gelassen worden. Es wird nämlich bei jedem Thema, was ich jetzt anführe, einiges an inneren Kommentaren ablaufen, und wenn man die nicht sofort aufschreibt, sind sie meist wieder weg und können dir nicht mehr helfen, dir selbst auf die Schliche zu kommen.

Als Beispiel nehme ich gleich im Abschnitt Allgemeines das Thema Ausländer, und jetzt, da ich es geschrieben habe und du es liest, geht bei uns beiden eine mehr oder weniger bewusste Assoziationskette los, denn dieses Thema beschäftigt uns ja jetzt schon einige Jahre, und vielleicht haben wir auch sofort eigene Erfahrungen wieder im Bewusstsein.

Du könntest also schon jetzt das Wort Ausländer notieren und vielleicht auch schon erste Stichwörter oder sogar einige Aussagen zu diesem Thema.

Wie definiere ich denn für mich genau die Ausländer
oder den Ausländer/die Ausländerin?

Ist das jetzt nur der/die, die hier in Deutschland leben, oder/
und diejenigen, die wirklich in einem anderen Land leben?

Ist der europäische Nachbar auch ein Ausländer?

Wird der Engländer durch den Brexit automatisch zum Ausländer, oder
ist der Engländer („Inselaffen") eigentlich immer Ausländer geblieben?

Wie viel Generationen muss jemand hier in Deutschland
leben, um nicht automatisch ein Ausländer zu sein?

Wodurch unterscheidet sich der Ausländer vom Inländer? Ist
es der Geburtsort? Ist es der andere Glaube? Ist es die andere
Kultur? Ist es die Kleidung, die Sprache, das Aussehen?

Ist der Ausländer gefährlicher für mich als der Inländer?

Welche Geschichten fallen mir zum Thema Ausländer ein? Ist es
vielleicht nur die Menge der Ausländer, die mir Angst macht?

Was sage ich, wenn das Thema Ausländer im
Freundes-/Bekanntenkreis aufkommt?

Wie viele der Informationen, die es über Ausländer gibt,
habe ich selber geprüft auf ihren Wahrheitsgehalt?

Muss ein Ausländer mehr tun als ein Inländer, damit ich ihm/
ihr vertraue? Sind Ausländer krimineller als Inländer?

Was müssten die Ausländer tun, damit sie für dich
denselben Status erlangen wie ein Landsmann?

Glaubst du eher dem geschriebenen Wort oder eher den gezeigten Bildern? **2**

Wie kannst du an glaubwürdige Informationen kommen? **3**

Welche Menschen entscheiden, was wir als Nachrichten präsentiert bekommen, und wie neutral sind diese?

Wer hat wirklich die Macht? **4**

Fake News
Verschwörungs-
theorien

Was kann ich allein ausrichten?

1 Welchen Nachrichtenquellen vertraust du?

Welche Fake News sind dir schon einmal begegnet? Welche dieser Fragen geben dir Kraft und welche entziehen dir Energie? Notiere dein Gedanken direkt hier oder am Ende dieses Buches!

Warum glaubst du, sind diese vertrauenswürdig?

Ist der Klimawandel menschengemacht oder doch ein natürlicher Zyklus?

War es wirklich ein Anschlag von islamischen Terroristen auf das World Trade Center, oder war dies durch die amerikanischen Geheimdienste gesteuert, um einen Grund zu haben, gegen die Terroristen vorzugehen?

Was kann man heute überhaupt noch glauben?

Woher weißt du, dass du zu viel wiegst?

Im Vergleich wozu/zu wem?

Wer garantiert dir, dass du dich nach der Diät besser/wohler fühlst?

Wer sagt, dass dieses oder jenes Lebensmittel nicht gut für dich ist?

Wem willst du glauben und warum?

Hast du auch schon festgestellt, dass sich viele Diäten und Essratgeber komplett widersprechen?

Wie lange probierst du schon, dein Gewicht zu verändern?

Gewicht & Diäten

Warum glaubst du, hat es bisher (auf Dauer) nicht geklappt?

Könntest du deine Ernährung umstellen,
wenn du dadurch die Chance erhöhen würdest,
eine schwere Erkrankung zu überleben?

Wenn ja, warum dann nicht
auch ohne diese Erkrankung?

Worauf könntest
du verzichten?

Kannst du dir eine dauerhafte
Ernährungsumstellung vorstellen?

Was sagst du zu Menschen, die
gerne mehr Gewicht haben würden?

Welche Selbstgespräche führst du
mit dir zum Thema Gewicht?

Ist Essen eine Belohnung für dich?

Wurdest du vielleicht auch schon
in deiner Kindheit mit deinem
Lieblingsessen belohnt?

Kann es sein, dass dein Gewicht
dich unbewusst schützen soll?

Welche Vorteile hast du durch mehr Gewicht?

Was denkst du über dich (deinen Körper) wenn
du dich vor dem Spiegel berachtest?

Weißt du, wie viel Schlaf
der Mensch braucht, um
gesund zu bleiben, und/oder
hast du andere Erfahrungen gemacht?

Was genau verstehst
du unter gesundem Leben

Woher hast du dieses Wissen? 3

Gibt es ein Vorbild, dem du nacheiferst?

Was hältst du von dem
Satz: „Wir wollen alle
alt werden, aber nicht älter"?

Wie alt willst du denn gerne werden?

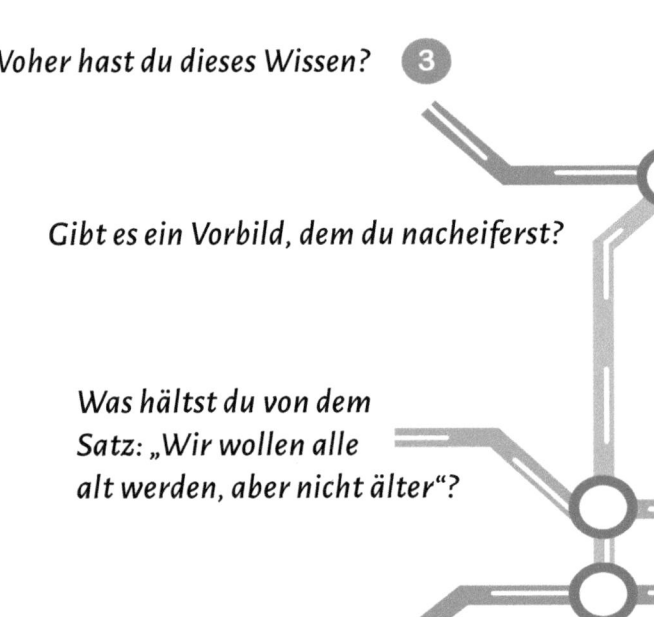

Gesundes
Leben

Verbindest du mit älter
werden kränker/
gebrechlicher sein?

bst du lieber ungesund
nd hast aber was vom Leben?

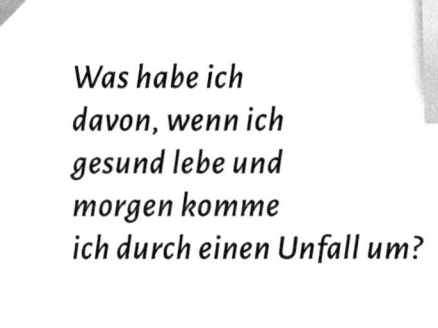

Hier geht es um die
Bereiche Bewegung,
Schlaf, Work-Life-Balance
etc· Jeder kann heute
ein Buch finden, das seine
eigene Meinung dazu
untermauert· Was ist
deine genaue Definition
von „gesund leben"?

Was habe ich
davon, wenn ich
gesund lebe und
morgen komme
ich durch einen Unfall um?

1 Wie viel Freizeit/Zeit für dich hast du?

6 Wie häufig verbringst du Zeit in der Natur?

7 Könntest du ohne Fernseher leben?

Nimmst du Nahrungsergänzungsmittel?
Wenn ja, warum?

Weißt du, was dir guttut?

Thomas denkt um

Hier ein Beispiel von einem Bekannten von mir. Ich nenne ihn hier mal Thomas. Er ist heute 52 Jahre alt und hat zwei ältere Brüder.

Thomas Familie hatte häufig nicht genug Geld für eine abwechlungsreiche Ernährung. So standen in Thomas Kindheit regelmäßig Pellkartoffeln mit Margarine auf dem Speiseplan. Da es davon meist genug gab, verband Thomas damit positive Erinnerungen und Gefühle.

Außerdem hatte er gelernt, schnell zu essen. Um neben seinen beiden älteren Brüder auch noch etwas vom Essen abzubekommen, musste er sich immer beeilen.

Bis zu seinem 35. Lebensjahr war Thomas ein Allesesser, und es war ihm egal, woher sein Essen stammte und wie es produziert wurde. Irgendwann hatte er jedoch angefangen, Berichte im Fernsehen zum Thema Massentierhaltung und Tiertransporte zu gucken.

Dann kamen noch drei einschneidende Eriegnisse hinzu. Eines Tages bemerkte er, dass er seinen Bauch nicht mehr hinter die Gürtelschnalle zurückziehen konnte. Und als er später einmal eine Portion seines bis dahin so geliebten Kochschinkens aufmachte, kam ihm ein widerlicher Gestank von Urin entgegen.
Schließlich erinnerte er sich auch wieder an einen Schwimmbadbesuch im Alter von etwa 11 Jahren. Beim Anblick der älteren dickbäuchigen Männer hatte er sich damals versprochen: „So will ich später nie aussehen."

Dies alles bewirkte, dass Thomas seine Ernährung fortan radikal umstellte. Er ernährte sich von nun an auf Basis vegetarischer Vollkost.

Zuviel des Guten

Trotz seines mittlerweile umfangreichen Wissens darum, dass körperliche Veränderungsprozesse ihre nötige Zeit bedürfen (er hatte sich mittlerweile durch zahllose

Ernährungs- und Diätratgeber gearbeitet) war er mit seinem kurzfristigen Erfolg nicht zufrieden. Also vertiefte er sich abermals in die Literatur und stellte dann um auf vegetarische Rohkost. Dies schien die richtige Entscheidung gewesen zu sein, denn plötzlich purzelten die Pfunde nur so. Gleichzeitig begann Thomas ein tägliches Lauftraining von etwa einer halben Stunde. Nach einer gewissen Zeit konnte er auf täglich eine Stunde und am Sonntag auf zwei Stunden Dauerlauf erhöhen.

Etwa ein halbes Jahr später fiel ihm dann auf, dass er nunmehr einen großen Teil seiner Zeit damit verbrachte, seine Nachrungsmittel zu beschaffen. Denn die Rohkost alleine deckte nicht mehr seinen erhöhten Kalorienbedarf.

Auf seinen Bauch gehört

Nach über einem Jahr, und von 107 kg auf 66 kg abgemagert, und ständig frierend, zog er dann die Reißleine: Er kehrte wieder zur vegetarischen Ernährung zurück, und sein Körpergewicht erhöhte sich wieder. Seine Gewohnheit des täglichen Laufens, und ein stabiles, für seine Körpergröße völlig angemessenes Gewicht von 84 Kilo hielt er die folgenden 7 Jahre bei.

Außerdem beschloss er, sich selbst nicht mehr zu sehr unter Druck zu setzen und sich dann und wann auch mal eine Ausnahme von seiner sonst so guttuenden Gewohheit zu erlauben.

Heute lebt Thomas als Veganer, aber nicht um jeden Preis. Er sagt: „Wenn ich das Gefühl habe, dass mir etwas fehlt, dann ernähre ich mich zwischenzeitig auch mal wieder vegetarisch. Und um sich dabei nicht nur auf sein Gefühl verlassen zu müssen, lässt er zweimal im Jahr eine große Blutuntersuchung machen. So weiß er, dass er zusätzlich Eisen- und B-Vitamine-Präparate zu sich nehmen muss, um bei seiner veganen Ernährungsform trotzdem gut mit wichtigen Stoffen versorgt zu sein.

Wie bist du aufgewachsen?

Noch in der klassischen Familie
mit dem Vater, der das Geld verdiente, und der Mutter,
die den Haushalt führte und die Kinder erzog?

War Geld im Überfluss da
oder eher umgekehrt?
Musstest du zum Monatsende
beim Einkauf anschreiben lassen?

Inwieweit beeinflusst dich diese Erfahrung noch heute?

Muss man arbeiten für sein Geld?

Muss man
hart arbeiten
für sein Geld?

Kann man Geld für sich arbeiten
lassen? Stinkt Geld wirklich?

Was bist du bereit,
für Geld zu tun?

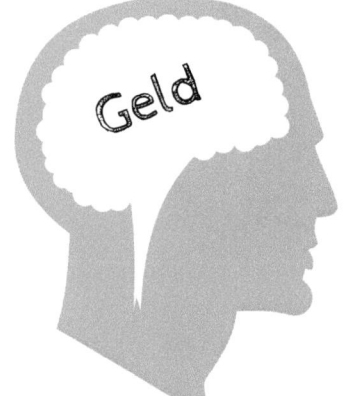

Nimmt man anderen
was weg, wenn man
viel Geld hat bzw. verdient?

Muss man sich
Geld und Wohl-
stand verdienen?

ommst du gut
it dem, was
u hast, aus?

Zerrinnt dir
das Geld
durch die
Finger?

Führst du Buch
über deine
Ausgaben?

Verändern sich deine Ansichten zum Thema Geld vielleicht durch diese Fragen? Ist dir bewusster geworden, was du wirklich willst? Hier und auf den letzten Seiten findest du Raum für deine Notizen.

Machst du bei Lotto und anderen
Glücksspielen mit, und wenn ja, warum?

Wem vertraust du dein Geld zur
Vermögensbildung an bzw. auf
welche Geldanlagen setzt du?

Wenn für einen Kollegen/
Bekannten für einen Geburtstag
gesammelt wird, gibst du dann
das, was andere auch geben?

Hast du Angst, dein
ganzes Geld zu verlieren?

Kannst du ein (Geld-)Geschenk gut annehmen?

Auch wenn du nicht arbeiten kannst/ musst, könnten einige der Fragen auch für dich interessant sein. Erstaunlich über was in Deutschland alles geredet wird, außer über die Höhe des Einkommens.

Glaubst du, du wirst gerecht bezahlt oder gibt man dir zu wenig?

Wie erfolgreich schätzt du dich selbst ein?

Kannst du es gut mit dem Chef oder ist es eher eine Hassliebe?

Glaubst du, immer der Beste wird befördert?

Wie reagierst du auf berufliche Rückschläge?

Beruf Erfolg

Glaubst du, du musst nur mehr Einsatz zeigen und dann wirst du befördert?

Kann man auch ohne Vitamin B nach ganz oben kommen?

Ist deine Arbeit eher ein Vergnügen oder eine notwendige Last?

Welchen Ratschlag würdest du deinen Kindern oder anderen Nahestehenden in Bezug auf die Berufswahl geben?

Ist dir dein Beruf wichtiger als die Familie/die Freunde/dein Hobby?

Was ist aus deiner Sicht besser, wenn man angestellt ist oder wenn man selbstständig ist?

Wenn du heute wählen könntest, würdest du in deinem Beruf bleiben oder sofort etwas anderes machen, wenn das mit dem Geld geregelt wäre?

Würdest du diese Arbeit auch weitermachen, wenn du nicht so viel dafür verdienen würdest?

Sind deine Arbeitskollegen auch deine Freunde oder sind dies eher interne Konkurrenten für dich?

Was ist typisch Mann/
Frau für dich? **2**

Wie viel übereinstimmende
Interessen müssen da sein
für eine erfolgreiche Partnerschaft? **3**

Was genau stellst du dir
unter einer glücklichen
Partnerschaft vor? **4**

Fühlst du dich eher
vom Äußeren oder den
Charaktereigenschaften
eines Menschen angezogen?

60

Sehnst du dich nach dem
perfekten Partner/
der perfekten Partnerin?

1

Vielleicht können dir die folgenden Fragen dabei helfen, herauszufinden, was genau bei einer Partnerschaft für dich wichtig ist. Nutze den Raum für deine eigenen Gedanken hier und im Anhang.

Hast du eine genaue Liste
im Kopf, die die Anforderungen
an den Zukünftigen/
die Zukünftige festlegt?

Kommt mit jeder unglücklichen
Beziehung etwas hinzu?

Wenn du mal die Beziehungen
Revue passieren lässt, gibt es
Übereinstimmungen im Äußeren/
im Inneren?

Hast du dich schon einmal
bei dem Vorwurf erwischt:
„Du bist wie meine Mutter/
mein Vater"?

Wie gehst du damit um,
wenn dein Traummann/
deine Traumfrau nix von
dir wissen will?

Weißt du, was du willst?

Wenn Kevin eine feste Beziehung mit einer Frau eingegangen ist, dann war es fast immer so, dass beide von der ersten Nacht an zusammen waren und er meist sehr schnell mit dieser Partnerin zusammenzog. Gleichzeitig verstellte er sich und machte Dinge, die ihm eigentlich gar nicht gefielen, was dazu führte, dass über kurz oder lang die Beziehung wieder aus Unzufriedenheit von ihm beendet wurde.

Kevin musste schon im Alter von 4 Jahren lernen, alleine klarzukommen, da seine Mutter geschieden war, arbeiten musste und seine beiden älteren Brüder auch kaum Zeit für ihn hatten.

Deshalb war er natürlich froh, wenn sich die Gelegenheit bot, Gesellschaft zu haben, und er tat alles, um eine Beziehung zu halten. Getreu dem Motto: „Wenn er nur lieb genug ist und das tut, was die andere Person möchte, dann bleibt er/sie bei ihm und er ist glücklich." Was auf Dauer nie gutging, da es immer nur eine gewisse Zeit lang funktionierte, die eigenen Bedürfnisse hintenanzustellen.

Mit der Anzahl der Beziehungen lernte er auch, das gleiche Interessen oder Hobbys eine gute Grundlage für eine dauerhafte Beziehung darstellen.

Kevin ist heute immer noch Single und kann es genießen, wenn eine Frau ihn sympathisch findet und Andeutungen macht, mehr als eine Freundschaft mit ihm haben zu wollen. Nach wie vor spielt für ihn sexuelle Anziehungskraft eine wichtige Rolle. Doch jetzt kann er sich Zeit nehmen, um die mögliche Partnerin erst einmal genauer kennen zu lernen, und umgekehrt auch ihr die Gelegenheit zu geben, mehr über sich und seine Ecken und Kanten zu erfahren. Heute verstellt er sich nicht mehr, um dem Partner zu gefallen und stellt seine Bedürfnisse auch nicht mehr dauerhaft hintenan. Das Gleiche erwartet er auch von seiner Partnerin. Zwar ist seine Liste von Anforderungen an den potentiellen Partner etwas länger geworden. Genauso wünscht er sich aber auch von seiner Partnerin, das sie weiß, was sie möchte. Seine innere Haltung in der Beziehung zu leben ist für ihn nach wie vor schwer. Doch gleichzeitig fühlt es sich gut für ihn an, seine eigenen Bedürfnisse in der Partnerschaft zu erkennen und anzusprechen.

Mein Tipp für dich:

Es könnte dir einige Umwege ersparen, wenn du dich mal intensiv damit befasst, was du wirklich von einer Beziehung und deinem Partner/deiner Partnerin erwartest, und trotzdem offen bleibst für neue Wendungen, denn vielleicht steckt hinter dem Äußeren des möglichen Partners, welches dir nicht so gefällt, der ideale Partner für deine Interessen und Vorstellungen vom Leben.

----

*Kannst du dir vorstellen, dass es einen
Einfluss auf deine Außenwirkung hat,
ob du mit dir zufrieden bist oder nicht?*

*Bist du zufrieden mit dir/
mit deinem Körper?*

*Wie zufrieden bist du mit dem, was du
bisher in deinem Leben erreicht hast?*

*Was glaubst du,
denken andere über dich?*

Was könnte sich noch verbessern?

*Was müsste sich ändern,
um zufrieden mit dir zu sein?*

Mit welchen Wörtern aus
der Liste auf S. 68
fühlst du dich am
besten beschrieben?

Welche Begriffe aus der Liste
auf S. 68 lösen bei dir
spontan innere Kommentare
bzw. Gefühle aus?

Welche Gefühle spürst du dabei?

Wie stehst du zu dem Satz:
„Besser einen Spatz in der
Hand als einen Storch auf dem Dach"?

Was würdest du tun wollen, wenn
du vor nichts mehr Angst hättest?

Sagst du oder denkst du auch schon
mal: „Warum passiert eigentlich
(nur) mir immer sowas"?

Kommen wir jetzt noch
zu deinen Vorstellungen
über dich und die Art
und Weise, wie sie dein
Leben beeinflussen.
Welche Gedanken hattest
du bei der Liste von
Glüblins auf Seite
32/33?

Es gibt keine
GRENZEN.
Weder für
GEDANKEN,
noch für
GEFÜHLE.

Es ist die Angst,
die immer Grenzen setzt.

Ingmar Bergmann

Was denkst du?

Attribute und Gefühle

Die folgende Wortliste genau wie die anschließenden Word-Clouds sollen dir helfen, dir deine derzeitigen Einstellungen und Sichtweise (z. B. von dir selbst) bewusst zu machen. Erst dann kannst du eine Entscheidung treffen, ob diese wirklich deine Eigenen sind, und ob du sie verändern möchtest. Dazu helfen dir die im Kapitel „Dein Handwerkszeug" vorgestellten Methoden.

Am besten wendest du die Liste zunächst auf ein paar Personen an, die du kennst, bevor du eine Selbsteinschätzung vornimmst. Anschließend kannst du auch deinen Freund/deine Freundin eine Einschätzung deiner Person vornehmen lassen. Natürlich ist diese Liste nicht vollständig, sondern soll dich anregen, noch eigene Begriffe für dich und andere zu finden.
Nimm am besten einen farbigen Stift und unterstreiche oder umkreise in der Wortliste und den Word-Clouds die Begriffe, von denen du dich angesprochen fühlst bzw. von denen du feststellst, dass sie eine Kette von Gedanken und Bewertungen bei dir in Gang setzen.

Ängstlich ✿ altmodisch ✿ aufmerksam ✿ attraktiv ✿ athletisch ✿ albern ✿ aggressiv ✿ brutal ✿ liebevoll ✿ freundlich ✿ schnell aufgebracht ✿ aufbrausend ✿ aufrichtig ✿ furchtsam ✿ überempfindlich ✿ (in-)konsequent ✿ halsstarrig ✿ großzügig ✿ geizig ✿ neidisch ✿ rational ✿ gefühlvoll ✿ verspielt ✿ verträumt ✿ sanft ✿ hysterisch ✿ sexy ✿ schüchtern ✿ kompetent ✿ pingelig ✿ taktlos ✿ verletzend ✿ verletzlich ✿ rücksichtsvoll ✿ nachdenklich ✿ weinerlich ✿ einfältig ✿ schnell eingeschnappt ✿ zurückweichend ✿ ausweichend ✿ kräftig ✿ schmächtig ✿ verwirrt ✿ klar ✿ verständnisvoll ✿ uneinsichtig ✿ gereizt ✿ (un-)talentiert ✿ schmollend ✿ wutentbrannt ✿ rachsüchtig ✿ ausgeglichen ✿ geduldig ✿ zurückgeblieben ✿ fröhlich ✿ freudig ✿ beharrlich ✿ ausdauernd ✿ entspannt ✿ angespannt ✿ dumm ✿ intelligent ✿ kollegial ✿ eloquent ✿ himmelhoch jauchzend ✿ zu Tode betrübt ✿ warmherzig ✿ angriffslustig ...

Hier ein paar Beispiele für mögliche innere Kommentare:

Abnehmen (ist leichter als zunehmen, sagt einer, so einen Blödsinn hab ich ja noch nie gehört), Alkoholiker (sind willensschwache Personen, ein Fluchtmittel aus der Wirklichkeit; ohne Alkohol hältst du es doch hier nicht mehr aus), Arbeit (Kinderarbeit ist echt scheiße) …

Was denkst du?:

Welche Glüblins erkennst du wieder?:

Dankbarkeit (Fehlanzeige, wird alles für selbstverständlich genommen), Deutsch (Wir Deutschen halten uns ja für was ganz Besonderes), Demokratie (In einer Demokratie hab ich auch nur die Illusion, dass ich es besser habe als in einer Diktatur)...

Was denkst du?:

Hast du die folgenden Vorurteile schon einmal hinterfragt?:

Ehrlichkeit (mit Ehrlichkeit kommste heut nicht weit), Egoist (na, da fallen mir einige ein), Einbildung (ist auch eine Bildung), Entlassen (das ist die einzige Lösung, die denen da oben einfällt, wenn es mal nicht so läuft), Esoterik (so ein Blödsinn) ...

Was denkst du?:

Kommt dir die eine oder andere Ansicht bekannt vor?:

Fairness (noch so ein Wert, mit dem du heute nicht weit kommst), Fastfood (schon mal einen Bericht gesehen, was die da alles reintun?), fett (klar kenn ich ein paar Fette, na und, sollen sie sich doch den Bauch vollschlagen), Freund (auf den ist wenigstens noch Verlass) …

Was denkst du?:

Sind innere Festlegungen wie diese denn so falsch?:

Herausforderung (wird gern von meinem Chef benutzt, wenn er wieder mit einer zusätzlichen Aufgabe für mich kommt), Heuchelei (heutzutage ist so viel Falschheit in der Welt), Hypnose (da bin ich dem Hypnotiseur willenlos ausgeliefert), hysterisch (da fallen mir welche ein …) …

Was denkst du?:

Diese Überzeugungen sind weit verbeitet:

Gefängnis (Ich wüsste schon, wen ich alles ins Gefängnis stecken würde), Geld (dein Geld ist nicht weg, es hat jetzt nur ein anderer; die Wurzel allen Übels), genießen (heutzutage wird dir doch jeder Genuss madig gemacht), Gesetz (auf der Straße gilt das Gesetz des Stärkeren) …

Was denkst du?:

Was lösen Glaubenssätze, wie die folgenden, in dir aus?:

Sackgasse (im Moment ist mein Leben in einer Sackgasse, ich weiß nicht vor und nicht zurück),
Schule (bringt einem nur Sachen bei, die man hinterher im wirklichen Leben gar nicht braucht),
Scharia (mal was Gutes, wenn mir einer was klaut, kriegt der direkt die Hand abgehackt) …

Was denkst du?:

Lass die folgenden inneren Kommentaren mal auf dich wirken:

Veränderung (wenn die Chefs von Veränderung sprechen, heißt das meist, dass Leute entlassen werden, ich mag keine Veränderung), verantwortlich (immer bin ich für alles verantwortlich), verlassen (verlass dich auf andere und du bist verlassen; ich werde immer verlassen) …

Was denkst du?:

Denkmuster wie diese kennen wir alle:

Wählen (zwischen Pest und Cholera?), Wahrheit (wer kann schon sagen, was die Wahrheit ist, ich bin vorsichtig bei denen, die behaupten, sie wären im Besitz der Wahrheit), weg (nur weg hier), wissen (wir glauben nur zu wissen; ich weiß doch genau, was für den anderen gut ist) …

Was denkst du?:

"

Liebe macht blind.

Auf den Boden der Tatsachen zurückholen.

"

VERTRAUEN IST GUT KONTROLLE IST BESSER.

Das Leben ist kein Ponyhof.

Was Häns lernt Han

Gegensätze ziehen sich an.

D
D

Frauen, das schwache Geschlecht.

Ein Unglück kommt selten allein.

DEM TÜCHTIGEN GEHÖRT DIE WELT.

" Erst die Arbeit, dann das Vergnügen.

DIE ROSAROTE RILLE AUFHABEN.

nicht lernt,
mermehr.

"

Geben ist seliger als Nehmen!

Auch Redewendungen können dir zeigen, was du für dich unbewusst als richtig abgespeichert hast. Ist dir übrigens schon einmal aufgefallen, dass wenn man nur etwas länger sucht, man oftmals ein weiteres Sprichwort findet, was exakt das Gegenteilige aussagt? Was bedeutet diese Tatsache für deine eigene innere Programmierung?

**N TAG NICHT VOR
1 ABEND LOBEN.**

**LIEBE GEHT
DURCH DEN
MAGEN.**

Von nichts
kommt nichts!

"

DIESE BÜRDE LASTET SCHWER AUF MEINEN SCHULTERN.

Alles wird auf meinem Rücken ausgetragen.

Auf dem einen Auge blind sein.

Mir ist eine Laus über die Leber gelaufen.

DA LÄUFT EINEM DOCH DIE GALLE ÜBER.

ICH WEISS NICHT, OB ICH DAS SCHULTERN KANN.

Ich zermarte

Das verschlägt einem den Atem.

Das geht mir an die Nieren/ auf die Nerven.

BEI DEM GEDANKEN FUEHLE ICH MICH WIE GELAEHMT.

Das alles schlägt mir auf den Magen.

FÜR DEN MACH ICH KEINEN FINGER MEHR KRUMM.

ir den Kopf.

Das zerreißt mir das Herz.

Den Hals wieder nicht vollkriegen können.

Noch Fragen?

Bist du fündig geworden?

Sehr gut, bleib dran! Musst du ab jetzt alles hinterfragen? Nein, natürlich nicht, sondern nur in den Bereichen, wo du Probleme hast.

Wenn dir dieses Buch helfen konnte und ein wenig Licht in das Dunkel der unbewussten Ansichten, Vorurteile, Glaubenssätze und Überzeugungen bringen konnte, freu ich mich für dich.

Wenn du sagst, dass du noch Hilfe brauchst bei der Findung und bei der Lösung deiner persönlichen Glüblins, dann nimm gerne Kontakt mit mir auf, indem du entweder auf meine Homepage **www.miracura.de** gehst oder mich auf den einschlägigen Therapeutensuchportalen eingibst und dort auch meine Telefonnummer und E-Mail-Adresse findest.

Die Übungsanleitungen und Tipps in diesem Buch haben sich in der Praxis bewährt. Alle Inhalte sind von mir gewissenhaft und sorgfältig geprüft. Dennoch bist du aufgefordert, selbst zu entscheiden, welche der Anregungen du umsetzen möchtest.

Daher sind Haftungsansprüche jeder Art gegenüber dem Autor und seiner Beauftragten ausgeschlossen.

Viel Erfolg wünscht dir
Christof Arnold (Trio Chrio)

Zum Weiterdenken!

Anthony Robbins: Grenzenlose Energie, Das Power Prinzip u. a.

Klaus Grochowiak & Susanne Haag: Die Arbeit mit Glaubenssätzen

Cora Besser-Siegmund: Magic Words

Moritz Boerner: Byron Katies The Work

Steve de Shazer & Yvonne Dolan: Mehr als ein Wunder

Alexa Mohl: Der große Zauberlehrling

Siranus Sven von Staden: Bring endlich Licht ins Dunkel deiner Glaubenssätze

Nicole Truchseß: Glaubenssätzen auf der Spur

Axel Burkart: Mit einem Satz das Leben ändern

Pamela Preisendörfer: Glaubenssätze & Überzeugungen

Evelyn Wenzel: Tschüss Glaubenssätze & wiederkehrende Probleme

Timo Lange: Glaubenssätze

Sabine Bauer: 77 Glaubenssätze, die deine Traumfigur verhindern

Ralph Schwarz: 101 Glaubenssätze, die deinen Reichtum und Wohlstand verhindern

Chris Thurman: Lügen, die wir glauben u. a.

Paul Watzlawick: Anleitung zum Unglücklichsein

Deine Notizen ...

Deine Notizen ...

Deine Notizen ...

Deine Notizen ...

Deine Notizen ...

Deine Notizen ...

Deine Notizen ...

Von Christof Arnold ebenfalls erschienen:

DANKE! – Ein Übungsbuch zum Ausfüllen

BoD, 2018, 92 Seiten, 9,99 €, ISBN: 9783752833515

Wie oft sagen wir danke, ohne wirklich dankbar zu sein? Was für viele von uns nur noch ein Ausdruck von Höflichkeit ist, bedeutet Christof Arnold umso mehr. Der Autor weiß, was echte Dankbarkeit bewirkt und wie wir damit unser Leben verbessern. Mit einfachen Übungen hilft er uns Schritt für Schritt zu erkennen, worüber wir uns glücklich schätzen können. Dabei zeigt uns der Coach an alltäglichen Beispielen, dass es die kleinen Dinge sind, die zu innerer Zufriedenheit führen – auch in schwierigen Zeiten. Durch seine lockere Art vermittelt er das Thema mit viel Spaß und macht es für jeden leicht verständlich. So gelangen wir spielerisch zu mehr Lebensfreude und Wohlbefinden.

Weitere Informationen unter:
www.bod.de